BEI GRIN MACHT SICH IHR WISSEN BEZAHLT

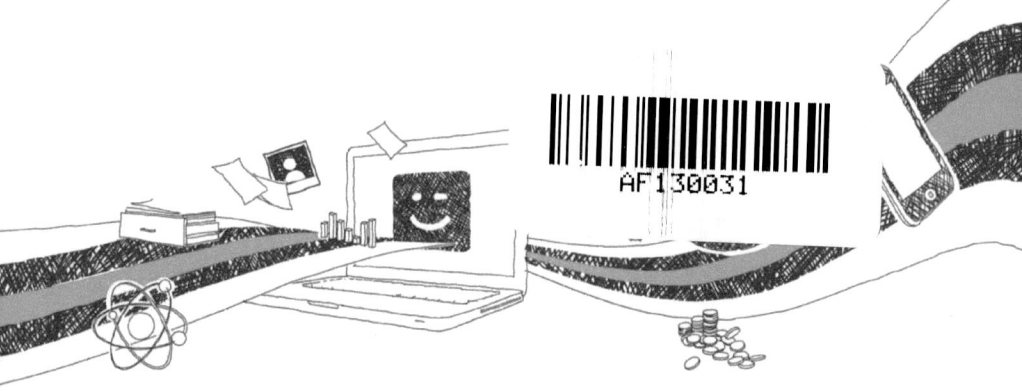

- Wir veröffentlichen Ihre Hausarbeit, Bachelor- und Masterarbeit

- Ihr eigenes eBook und Buch - weltweit in allen wichtigen Shops

- Verdienen Sie an jedem Verkauf

Jetzt bei www.GRIN.com hochladen und kostenlos publizieren

Bibliografische Information der Deutschen Nationalbibliothek:

Die Deutsche Bibliothek verzeichnet diese Publikation in der Deutschen National-bibliografie; detaillierte bibliografische Daten sind im Internet über http://dnb.d-nb.de/ abrufbar.

Impressum:

Copyright © 2014 GRIN Verlag
Druck und Bindung: Books on Demand GmbH, Norderstedt Germany
ISBN: 9783668701175

Dieses Buch bei GRIN:

https://www.grin.com/document/366815

Vanessa Erl

Trainingslehre 1. Krafttraining (Diagnose, Prognose, Trainingsplanung Makro - und Mesozyklus, Literaturrecherche)

GRIN Verlag

GRIN - Your knowledge has value

Der GRIN Verlag publiziert seit 1998 wissenschaftliche Arbeiten von Studenten, Hochschullehrern und anderen Akademikern als eBook und gedrucktes Buch. Die Verlagswebsite www.grin.com ist die ideale Plattform zur Veröffentlichung von Hausarbeiten, Abschlussarbeiten, wissenschaftlichen Aufsätzen, Dissertationen und Fachbüchern.

Besuchen Sie uns im Internet:

http://www.grin.com/

http://www.facebook.com/grincom

http://www.twitter.com/grin_com

Deutsche Hochschule für

Prävention und Gesundheitsmanagement

Hermann Neuberger Sportschule 3

66123 Saarbrücken

Einsendeaufgabe

Fachmodul: Trainingslehre I

Studiengang: Fitnessökonomie

**Datum
Präsenzphase**: 11.08.2014 – 14.08.2014

Name, Vorname: Erl, Vanessa

Studienort: **Leipzig**

Semester: **SS14, 1. / 2. Semester**

Inhaltsverzeichnis

1 Diagnose

1.1 Allgemeine und biometrische Daten

Tabelle 1: allgemeine und biometrische Daten des Kunden

Allgemeine Daten	
Alter	20 Jahre
Geschlecht	Weiblich
Körpergröße	173 cm
Körpergewicht	68kg
Trainingsmotive	Gewichtsreduktion, Körperdefinierung, Kraftsteigerung
berufliche Tätigkeit	Studentin
aktuelle sportliche Aktivitäten	2-3x / Woche $1^1/_2$ h unstrukturiertes Krafttraining, seit 6 Monaten
frühere sportliche Aktivitäten	4 Jahre Tennis, 1x / wöchentlich, 1h 2 Jahre Standarttanz, 1x / wöchentlich, $1^1/_2$ h
zeitlicher Verfügungsrahmen	2-3x / Woche, $1^1/_2$ h

Biometrische Parameter			
Blutdruck	118 / 75	Norm: 120 / 80	Bewertung: optimal
allgemeiner Gesundheitszustand	keine gesundheitlichen Probleme		
orthopädische / internistische Probleme	nicht vorhanden		
ärztliche Behandlung	keine		
Einnahme von Medikamenten	keine		
sonstige gesundheitliche Einschränkungen	nicht vorhanden		

Die erfassten Daten zu meiner Testperson in Tabelle 1 lassen auf keine Einwände gegen ein regelmäßiges Krafttraining unter voller Belastung schließen. Durch 6 monatige Kraftsport Erfahrung kann die Testperson als Geübte eingestuft werden.

Der Blutdruck liegt im optimalen Bereich der Normotonie (Abb. 1), es liegen keine gesundheitlichen Einschränkungen   vor und der allgemeine Gesundheitszustand weist keine Probleme auf, sodass der Trainingsplan unter optimalen Bedingungen erstellt werden kann und von einer Ausführung mit voller Belastbarkeit ausgegangen werden kann.

Abbildung 1 Klassifikation des Blutdrucks laut WHO

	Systolisch (mmHg)	Diastolisch (mmHg)
Optimal	< 120	< 80
Normal	< 130	< 90
Hochnormal	130-139	85-89
Hypertonie Grad 1	140-159	90-99
Hypertonie Grad 2	160-179	100-109
Hypertonie Grad 3	>= 180	>= 110

1.2 Krafttestung

Die Krafttestung erfolgte über die Individuelle-Leistungsbild-Methode (kurz ILB-Methode), bei der die Kraftleistung durch den anfänglichen Test berechnet werden konnte.

Der Individuelle-Leistungsbild-Test (kurz ILB-Test) wurde für die Testperson gewählt, da sie seit 6 Monaten Krafttraining ausführt und somit als Geübte eingestuft werden kann. Die Eingewöhnungsphase ist damit schon erfolgt und sie sollte das Grundwissen für die Ausführung der Übungen besitzen. Da die Belastungsintensität spätestens alle 2 Wochen erhöht wird und weitere Belastungsparameter variiert werden können, kann davon ausgegangen werden, dass keine Unterforderung oder zu starke Gewöhnung an die Trainingsreize erfolgen und die Variabilität aufrecht erhalten werden kann. Mit dieser Krafttestung ist eine optimale, zielorientierte Trainingsplanung möglich.

Für den ILB-Test wurden die ausgewählten Übungen aus dem ersten Mesozyklus in maximal 3 Sätzen mit 20 Wiederholungen getestet. Die 20 Wiederholungen sollen hierbei mit maximaler Intensität ausgeführt werden um das ideale Trainingsgewicht für den Trainingsplan zum Erreichen der Ziele des Kunden bestimmen zu können. Vor dem Testbeginn erfolgt eine allgemeine Erwärmung auf dem Crosstrainer für 10 Minuten und danach ein spezielles Aufwärmen. Wenn die Intensität im ersten Testsatz zu gering gewählt wurde erfolgte eine Gewichtssteigerung um 5kg, bei zu hoher Intensität eine Gewichtsreduktion von 5kg im zweiten Testsatz. Zwischen den Testsätzen wird eine Pause von 60 Sekunden eingehalten. Das Ergebnis bildet das Gewicht ILB-Max, mit dem die 20 Wiederholungen maximal, mit sauberer Technik ausgeführt werden konnten. Die Ausführung der Übungen im Trainingsplan erfolgt mit geringerer Intensität, welche bei Geübten bei ca. 60-80% von ILB-Max liegt (Abb. 2).

Nach jedem Mesozyklus wird der Test mit gewünschter Wiederholungszahl für den nächsten Mesozyklus wiederholt um die neuen Trainingsreize zu setzen und ILB-Max zu ermitteln.

Tabelle 2: Ergebnisse des ILB-Tests

Übung	WH	1.Testsatz (kg)	2.Testsatz (kg)	3.Testsatz (kg)	ILB-Max (kg)
Kniebeuge mit Langhantel hinter dem Kopf	20	LH (20kg)	LH + 5	LH + 10	25
Kreuzheben	20	25	30	/	30
Beinabduktion am Gerät sitzend	20	20	25	30	30
Rudern sitzend am Kabelzug	20	15	20	25	20
Rückenstrecken am Gerät	20	20	25	/	20
Bankdrücken mit Kurzhanteln	20	6	8	10	10
Armbeuge im Obergriff am Kabelzug	20	10	15	20	15
Crunch am Gerät	20	20	25	30	30
Wood Chops am Kabelzug	20	15	20	25	25
Latzug vertikal Nacken, weiter Griff	20	25	30	35	30

Um Schlussfolgerungen / Konsequenzen für das Krafttraining ziehen zu können kann man 3 Parameter zur Bewertung beachten.

Möglichkeit zur Ableitung der Trainingsintensität

Innerhalb der ILB-Methode besteht die Möglichkeit die Trainingsintensität zu variieren. Hierbei kann man sich am Grobraster der Trainingsplanung der ILB-Methode (Abb. 2) richten, sodass in angemessenen Abständen immer wieder neue Trainingsreize gesetzt werden können um eine Gewöhnung zu vermeiden.

Abbildung 2: Grobraster zur Trainingsplanung nach der ILB-Methode (vgl. Eifler, 2000; Strack & Eifler, 2005)

Leistungsstufe	Zeitstufe (Monate)	Orga. - form	Einheiten/ Woche	Sätze / Übung	Intensität in % ILB
Orientierungs- stufe	0 – 1,5	GK	2	1 – 2	gering
Beginner	1,5 – 6	GK	2	1 – 2	50 – 70
Geübter	6 – 12	GK	2 – 3	2	60 – 80
Fortgeschritte- ner	> 12	GK / Split	3 – 4	2 – 3	70 – 90
Leistungstrai- nierender	> 36	GK / Split	3 – 6	2 - 4	80 – 100

GK = Ganzkörpertraining

Split = Split – Training

Möglichkeit des interindividuellen Leistungsvergleiches

Nach Reiß und Fikenzer (2013, S.119) ist die Möglichkeit eines Norm- bzw. Referenzwertvergleichs bei einem XRM-Test nicht gegeben. Ein Punkt dafür ist die Abhängigkeit der Maximalkraft auf eine Vielfalt an Einflussfaktoren, der keine Festlegung von Normwerte zulassen. Dazu gehören interne, als auch externe Faktoren, sowie die Variabilität im Hinblick auf die Aufgabenstellung und deren Realisierung.

Möglichkeit des intraindividuellen Leistungsvergleiches

Laut Reiß und Fikenzer (2013, S.119) kann „bei konsequenter und exakter Standardisierung der Testrahmenbedingungen, des Testablaufes und der Testmethodik (...) ein Mehrwiederholungskrafttest durchaus als Instrument zum intraindividuellen Leistungsvergleich dienen". Somit ist die Möglichkeit der Trainingsdokumentation gegeben.

Schlussfolgernd lässt sich also sagen, dass die gewählte Krafttestung vor allem für den intraindividuellen Leistungsvergleich von Vorteil ist, da sich bei gleicher Wiederholungszahl schon nach kurzer Zeit eine Intensitätssteigerung bemerkbar machen wird und somit schon erste Ziele erreicht werden können. Dies wird die Motivation der Testperson aufrechterhalten.

2 Zielsetzung / Prognose

Tabelle 3: Zielsetzungen der Testperson

	1. Ziel	2. Ziel	3. Ziel
Inhalt	Senkung des Körperfettanteils	Kraftsteigerung	Muskelaufbau
Ausmaß	-3kg	+20% von ILB-Max	+4kg
Zeit	3 Monate	6 Monate	6 Monate

Im Folgenden werden die Zielsetzungen begründet.

Die Testperson hat genaue Vorstellungen was sie gerne erreichen möchte und nannte selbst als Trainingsmotive die Körperdefinierung, die Kraftsteigerung sowie die Gewichtsreduktion. Durch bereits genannte Inhalte mussten für die genaue Zieldefinition sowohl das Ausmaß und die Zeit festgelegt werden.

Allgemein lässt sich sagen, dass die Testperson keinerlei gesundheitliche Einschränkungen besitzt, weshalb davon auszugehen ist, dass das Training regelmäßig und vollständig ausgeführt werden kann.

Das erste Ziel beinhaltet die Senkung des Körperfettanteils und wird als kurzfristiges Ziel festgelegt um die Motivation aufrecht zu halten. „Realistisch ist eine Körperfettreduktion um 250-500g pro Woche" (Reiß und Fikenzer, 2013, S.41). Bei einem minimalen Satz von 250g, sind 3kg Körperfettreduktion in 3 Monaten ein durchaus vertretbarer Wert. Nebenbei wird durch das Training die Muskulatur mehr durchblutet, weshalb ein weiteres Ziel der Muskelaufbau ist. Der Muskelaufbau führt zur Körperdefinierung und erhöht den Grundumsatz, welcher dafür sorgt, dass das Gewicht weiter gesenkt werden kann beziehungsweise das erreichte Wunschgewicht gehalten werden kann. Ein Aufbau der Muskelmasse von ca. 5-8 kg im ersten Trainingsjahr wird von Reiß und Fikenzer (2013, S.41) als realistisch eingestuft. Da das Ziel schon nach 6 Monaten überprüft werden soll wurde ein Zuwachs der Muskelmasse um 4kg festgelegt. Das dritte Ziel ist die Kraftsteigerung. Dies lässt sich durch eine Steigerung der Maximalkraft erreichen. „Maximalkraftverbesserungen (sind) vor allem an Muskelquerschnittzunahmen gebunden" (Wirth & Schmidtbleicher, 2004, S.177). Da nach dem Kraftausdauertraining das Hypertrophie Training und Maximalkrafttraining ausgeführt wird ist eine Kraftsteigerung von 20% von ILB-Max innerhalb von 6 Monaten durchaus machbar.

Alles in allem sind die Ziele der Testperson eine gute Möglichkeit die Motivation aufrecht zu erhalten, da die Werte so gewählt wurden, dass sie bei einhalten des Trainingsplans in jedem Fall erreicht werden und auch zwischen den Mesozyklen schon kontrolliert werden können, da es sich um messbare Werte handelt.

3 Trainingsplanung Makrozyklus

Tabelle 4: Makrozyklus für 6 Monate

Makrozyklus 6 Monate							
	Mesozyklus I		Mesozyklus II		Mesozyklus III		Mesozyklus IV
Zyklusdauer	6 Wochen		6 Wochen		8 Wochen		4 Wochen
Trainingsziel	Kraftausdauertraining	E R N E U T E	Muskelaufbautraining (extensiv)	E R N E U T E	Muskelaufbautraining (intensiv)	E R N E U T E	Maximalkrafttraining
Trainingseinheiten / Woche	3		3		3		3
Organisationsform	GK / Station	K R A F T T E S T U N G	GK / Station	K R A F T T E S T U N G	GK / Station	K R A F T T E S T U N G	GK / Station
Übungen / Muskelgruppe	1-2		1-2		1-2		1-2
Sätze / Übung	2-3		2-3		2-3		2-3
Satzpausen	60 Sek.		90 Sek.		90 Sek.		180 Sek.
Wiederholungszahl	20		12		8		3
Intensität	60-80% von ILB-Max		60-80% von ILB-Max		60-80% von ILB-Max		60-80% von ILB-Max
Bewegungstempo	2 / 0 / 2, kontinuierlich, ruhig		2 / 0 / 2, kontinuierlich, ruhig		2 / 0 / 2, kontinuierlich, ruhig		explosiv

Begründung der Makrozyklusdarstellung

Der Makrozyklusplan ist auf der ILB-Methode aufgebaut um die ideale Belastung für die jeweiligen Mesozyklen Ziele zu ermitteln. Im Hinblick auf die Gesundheits- und Leistungsvoraussetzung der Testperson ist der Erstellung des Trainingsplans grundsätzlich keine Grenze gesetzt. Es liegen keinerlei gesundheitliche Einschränkungen vor und durch die bereits gesammelte Trainingserfahrung im Krafttraining über 6 Monate kann die Testperson als Geübte eingestuft werden (Vgl. Tab. 2).

Nach dem ersten ILB-Test mit 20 Wiederholungen folgt der erste Mesozyklus über 6 Monate mit dem Ziel die Kraftausdauer zu trainieren. Dies erfolgt bei einer Intensität von 60-80% von ILB-Max. Das Kraftausdauertraining wurde gewählt um die Person auf die steigende Intensität des Trainings vorzubereiten und damit die Verletzungsgefahr von Sehnen, Bändern und Knorpeln zu senken und um die anaeroblaktazid Kapazität zu verbessern. Des Weiteren führt ein Kraftausdauertraining zu einer höheren Kapillarisierung der Muskulatur und damit zu einem besseren Stoffwechsel, welcher eine Grundlage für das Muskelaufbau- und Maximalkrafttraining bildet (Jockmann, 2012, S. 6). Im zweiten und dritten Mesozyklus erfolgt ein extensives (6 Wochen) und intensives (8 Wochen) Muskelaufbautraining, welches zur Kraftsteigerung und zum Muskelaufbau führen soll. Die Intensität von 60-80% von ILB-Max wird hierbei durch erneute Krafttestung mit dem ILB-Test mit jeweilig gewünschter Wiederholungsanzahl herausgefunden. Im vierten Mesozyklus wird die Maximalkraft trainiert. Der letzte Zyklus bildet die Ergänzung zu den vorherigen Mesozyklen und soll die Kraftsteigerung, Körperfettreduzierung durch Muskelaufbau weiter verfolgen und intensivieren. Die Maximalkraft ist ausschlaggebend für die Ausprägung der Schnellkraft und der Kraftausdauer (Güllich & Schmidtbleicher, 1999), daher sollte die Maximalkraft ebenfalls trainiert werden um die Kraftausdauer und damit die Kapillarisierung der Muskulatur noch weiter zu verbessern.

Die Testperson erwähnte im Eingangsgespräch, dass Sie dreimal die Woche Zeit aufbringen kann um ein regelmäßiges Training ausführen zu können. Somit wurde die Trainingshäufigkeit auf drei TE / Woche festgelegt. Somit ist für einen Geübten auch das Prinzip der optimalen Relation zwischen Belastung und Erholung beachtet. „Gestaltung von Be- und Entlastungsphasen eines der wichtigsten Trainingsprinzipien." (Schnurr, 2012, S. 17). Des weiteren stellten Fröhlich, Schmidtbleicher und Emrich im Rahmen einer Metaanalyse fest, dass zwei bis vier Trainingseinheiten pro Woche zu besseren Trainingseffekten führen, als eine, fünf oder sechs Einheiten (Fröhlich, Schmidtbleicher, & Emrich, 2007, S.8).

Die Anzahl der Sätze/ Übung richten sich nach den Empfehlungen für einen fortgeschrittenen Sportler von Buskies und Boeck-Behrens (Buskies und Boekh-Behrens, 2009, S. 78). Demnach sind beim Trainingsziel Kraftausdauer 2-5 Sätze / Übung und beim Trainingsziel Muskelaufbau 2-5 und mehr Sätze / Übung empfohlen, weshalb im Makrozyklus der Testperson 2-3 Sätze / Übung gewählt wurde.

Die Übungen / Muskelgruppe resultieren aus den Zielen der Testperson. Da ein Wunsch auf ganzheitliche Kraftsteigerung sowie den allgemeinen Muskelaufbau und die Körperfettreduzierung im Fokus stehen werden 1-2 Übungen / Muskelgruppe gewählt. Mit der Übungsauswahl wird der Kunde weitergehend motiviert, da dies eindeutig ein Ganzkörpertraining darstellt.

Im Eingangsgespräch wurde deutlich, dass bereits unstrukturierte Erfahrungen im Krafttraining vorliegen. Die Testperson fängt somit im ersten Mesozyklus mit einer niedrigeren Intensität an, um dann mit einer gefestigten, stabilen Bewegungsausführung eine höhere Belastungsintensität anzusteuern (Kuno Hottenrott / Georg Neumann, 2010, S. 90). Diese Herangehensweise wird auch durch Strack & Eifler bestätigt, da aktuelle Untersuchungen zeigen, dass mit geringen Belastungsintensitäten eine Kraftsteigerung von etwa 20% in 6 Trainingswochen erreicht werden kann (Strack / Eifler, 2005, S.153 ff.). Somit kann es zwar sein, dass der Testperson die Intensität zu gering erscheint, jedoch kann nach dem ersten Mesozyklus und der erneuten Krafttestung gezeigt werden, dass es sich um ein effektives Training handelt, da das Kurzzeitziel des Körperfettreduzierung erreicht wurde.

Da zuvor ein unstrukturiertes und unbetreutes Krafttraining stattgefunden hat wurde ein Ganzkörpertraining gewählt. Dies soll zur Folge haben, dass die Testperson sich besser mit den Bewegungsabläufen vertraut machen kann und somit die Verletzungsgefahr verringert wird. Darüber hinaus ist der Zeitaufwand geringer als bei einem Split Training und eignet sich deshalb besser für 3 Trainingseinheiten pro Woche.

Der Makrozyklus entspricht einer typischen Blockperiodisierung, wobei die Intensität progressiv gesteigert wird und die Wiederholungszahlen reduziert werden. Das hat sowohl eine Steigerung der Maximalkraft zur Folge als auch eine „Verbesserung der reaktiven Schnellkraft bzw. Kraftausdauer" (Schmidtbleicher, S. 30-32).

Der Trainingsplan beginnt mit einem Kraftausdauertraining für 6 Wochen um das kurzfristige Trainingsziel der Körperfettreduktion zu erreichen. Der zweite Mesozyklus geht ebenfalls über 6 Wochen und beinhaltet das extensive Hypertrophietraining mit jeweils

12 Wiederholungen in 2-3 Sätzen. Im Gegenzug folgt dann das intensive Hypertrophietraining mit je 8 Wiederholungen in 2-3 Sätzen. Hierbei ist eine Dauer von 8 Wochen angesetzt. Es folgt ein Maximalkrafttraining über 4 Wochen mit jeweils 3 Wiederholungen in 2-3 Sätzen. Diese Mesozyklen sollen einen Anstieg des Muskelmasseanteils hervorrufen und eine Kraftsteigerung provozieren, was besonders durch das Maximalkraft- und das intensive Muskelaufbautraining erzielt wird.

4 Trainingsplanung Mesozyklus

Tabelle 5: Mesozyklus II - Muskelaufbautraining

Mesozyklus II - Muskelaufbautraining					
Zyklusdauer: 6 Wochen		**Trainingsziel:** Muskelaufbautraining		**Organisationsform:** GK / Station	
Häufigkeit / Woche: 3x		**Übung / Muskelgruppe:** 1-2		**Intensität:** 60-80% von ILB-Max	
Übungen	**Sätze**	**Wiederholungen**	**Tempo**		**Satzpause**
Kniebeuge mit Langhantel hinter dem Kopf	2	12	2 / 0 / 2 , kontinuierlich, ruhig		90 Sek.
Bankdrücken mit Kurzhanteln	3	12	2 / 0 / 2 , kontinuierlich, ruhig		90 Sek.
Kreuzheben	3	12	2 / 0 / 2 , kontinuierlich, ruhig		90 Sek.
Rudern am Seilzug (NG eng)	3	12	2 / 0 / 2 , kontinuierlich, ruhig		90 Sek.

Fortsetzung Tabelle 5: Mesozyklus II - Muskelaufbautraining

Übungen	Sätze	Wiederholungen	Tempo	Satzpause
Armbeuge im Obergriff am Seilzug	2	12	2 / 0 / 2 , kontinuierlich, ruhig	90 Sek.
Latzug vertikal Nacken, weiter Griff	3	12	2 / 0 / 2 , kontinuierlich, ruhig	90 Sek.
Wood Chops am Seilzug	2	12	2 / 0 / 2 , kontinuierlich, ruhig	90 Sek.
Crunch am Gerät	3	12	2 / 0 / 2 , kontinuierlich, ruhig	90 Sek.

Begründung der Mesozyklusdarstellung

Der zweite Mesozyklus über 6 Wochen verfolgt das Ziel der Hypertrophie und beinhaltet 8 Übungen, welche mit 12 Wiederholungen in 2-3 Sätzen durchgeführt werden.

Das Kurzzeitziel der Körperfettreduzierung muss weiterhin verfolgt werden. Ein weiteres der Testperson besteht in einem Muskelaufbau am gesamten Körper.

Um das Ziel zu erreichen wurden Übungen gewählt, welche vor allem die großen Hauptmuskelgruppen ansprechen. Unter verschiedenen Aspekten wurde die Reihenfolge der Übungen ausgewählt. Hierbei wurden mehrgelenkige Übungen vor eingelenkige Übungen und Übungen mit einem höheren Muskelmasseanteils vor die mit einem geringeren Muskelmasseanteils gesetzt. Durch diese Anordnung wird schon am Anfang des Trainings eine hohe Testosteronausschüttung erzielt, welcher für den Aufbau der Muskelgruppen erforderlich ist. Die Leistungsfähigkeit ist am Anfang des Trainings am höchsten, weshalb die koordinativ weniger anspruchsvollen Übungen am Ende des Trainings durchgeführt werden.

Da bereits 6 Monate Trainingserfahrung vorliegen und die Testperson die meisten Übungen an Maschinen ausführte, kann man davon ausgehen, dass die Testperson genug Erfahrung hat um Übungen mit freien Gewichten auszuführen. Dies stellt sich als effektivere Trainingsmethode heraus, da durch die geforderte Eigenstabilisation eine höhere intermuskuläre Koordination herbeigerufen wird und die Übungen den Bewegungen und Aufgaben des Alltags sehr nah kommen.

Die erste Übung ist eine Langhantel Kniebeuge. Dies ist eine mehrgelenkige, komplexe Übung und beansprucht mehrere Muskeln gleichzeitig. Zu den beanspruchten Muskeln zählen der vierköpfige Schenkelmuskel, die Oberschenkelrückseite und der große Gesäßmuskel. Es „sollten mehrgelenkige Übungen vor eingelenkigen Übungen trainiert werden, da diese koordinativ anspruchsvoller sind" (Granacher, Kiemler, Gollhofer & Zahner, 2009., S47). Die gewählte Übung ist somit nicht nur eine gute Einstiegsübung in das Training, sondern auch eine gute Übung für bereits Fortgeschrittene Personen.

Als weiteres folgt ein Brusttraining. Beim Bankdrücken mit Kurzhanteln kommen wieder freie Gewichte zum Einsatz. Der Vorteil der freien Gewichten liegt in der Ausnutzung der gesamten Gelenkamplitude und der genauen Abstimmung der Gewichte (Granacher et al., 2009., S47). Für Anfänger könnten Übungen mit freien Gewichten eher zur Überforderung führen. Im Gegenteil dazu sind „(d)ie anspruchsvollen koordinativen Anforderungen der Bewegungsausführung (…) (für Fortgeschrittene) positiv zu bewerten, da sie eine hohe funktionelle Relevanz besitzen" (Granacher et al., 2009., S47).

Es folgen zwei Rückenübungen. Hierbei soll eine weitere komplexe Übung, das Kreuzheben, integriert werden, wobei die Beine erneut beansprucht werden. Eine weitere Übung für den Rücken ist das Rudern am Seilzug horizontal mit engem Griff. Für bereits geübte ist der Seilzug ein interessantes Trainingsgerät, da die Übungen sehr variabel ausgeführt werden können. Um das Training durch verschiedene Trainingsgeräte interessanter zu gestalten sollen nun auch die Kraftmaschinen zum Einsatz kommen. Ein Nachteil der Trainingsmaschinen sind jedoch die „geringe(n) koordinative(n) Anforderungen" (Granacher et al., 2009., S47).

Es folgt eine Übung für die Armbeugemuskulatur und den Bizeps am Kabelzug durch die Armbeuge im Obergriff am Kabelzug. Der Latzug, welcher vertikal in den Nacken mit weitem Griff gezogen wird stellt eine weitere Übung im zweiten Mesozyklus dar. Hierbei werden vor allem der breite Rückenmuskel, Trapezmuskel, der dorsale Schultermuskel und der Bizeps trainiert. Da eine ganzkörperliche Kraftsteigerung und damit der Muskelaufbau ein großes Ziel darstellt soll nun auch die gerade und schräge Bauchmuskulatur an geführten Geräten trainiert werden. Durch Wood Chops am Seilzug wird die schräge Bauchmuskulatur beansprucht. Als letzte Übung des zweiten Mesozyklus wird die gerade Bauchmuskulatur bei einem einfachen Crunch auf dem Gerät trainiert.

Beim Krafttraining mit Kraftmaschinen ist ein Vorteil, wie beim Seilzug und beim Krafttraining mit freien Gewichten „die exakte Dosierung der Belastungsintensität und damit die zielgerichtete Ansteuerung einer spezifischen Kraftfähigkeit" (Granacher et al., 2009., S47).

Von Funktionsgymnastischen Übungen wird Abstand genommen. „(D)urch die schwer kontrollierbare Belastungsdosierung" (Granacher et al., 2009., S47) könnte diese Art der Übungen für Person X im Hinblick auf eine genügende Hypertrophie der Muskulatur vor allem im Hinblick auf die Vorbereitung eines Maximalkrafttrainings nicht zielführend sein.

5 Literaturrecherche

In der Literaturrecherche beschäftigte ich mich mit 2 Studien über die Effekte des Krafttrainings bei Osteoporose, welche ich in den folgenden Abschnitten auswertete.

5.1 „Körperliche Belastung und Osteoporose" (W. Kemmler und H. Riedel, 1998)

Die erste Studie „Körperliche Belastung und Osteoporose" (W. Kemmler und H. Riedel, 1998) wurde mit 108 Frauen im Alter von 47 bis 65 durchgeführt, welche in 3 Gruppen unterteilt wurden. 25 Personen wurden in die Kontrollgruppe eingeteilt und die restlichen 83 Personen unterzogen sich einem 10 monatigen Training. Die erste Gruppe trainierte dabei mindestens 2x / Woche bis maximal 4x / Woche. Gruppe 2 hingegen absolvierte mindestens eine Trainingseinheit bis maximal 2 Trainingseinheiten pro Woche. Den Probandinnen wurde zusätzlich ein gemeinsames Training 2 Mal in der Woche für 90 Minuten angeboten, welches ein Ausdauertraining für 20-25 Minuten enthielt. Ebenso wurde ihnen ans Herz gelegt ein Heimprogramm für 35 Minuten zu absolvieren, welches die gleichen verkürzten Übungen wie auch im Trainingsprogramm beinhaltete und alle 6-8 Wochen ausgetauscht wurde. Das Training implizierte unter anderem geräteunabhängiges Training, sowie dynamische und statische Kraftübungen und Beweglichkeitstraining. Bei allen Trainingssequenzen fand eine progressive Belastungssteigerung statt.

Als Ergebnis, bezogen auf die Knochendichte, kam die häufig trainierende Gruppe 1 mit mind. 2 bis max. 4 Trainingseinheiten pro Woche auf einen angestiegenen Wert von +2,2%, wohingegen bei der weniger häufig trainierten Gruppe 2 eine angestiegene

Knochendichte von +0,7% erfasst wurde. Die Wirbelkörperbreite nahm bei der ersten Gruppe 0,8% zu, hingegen bei den Probandinnen der anderen Gruppe wurden keine Veränderungen verzeichnet. Jedoch gab es nur geringe Verbesserungen am Schenkelhals der Gruppe 1 von 0,5%. Bei der Kontrollgruppe wurde eine deutliche Verschlechterung am Oberschenkelhals von 1,1% Substanzverlust festgestellt.

Zusammenfassend kann man sagen, dass eine hohe Trainingshäufigkeit von mind. 2 bis max. 4 Mal pro Woche signifikante Verbesserungen bringt, sowohl bei der Knochendichte, als auch bei der Schmerzbefindlichkeit.

5.2 „Stellenwert verschiedener Trainingsprogramme in der Prävention der Osteoporose" (Siegrist, 2004)

Die zweite Studie „Stellenwert verschiedener Trainingsprogramme in der Prävention der Osteoporose" (Siegrist, 2004) wurde im Rahmen einer Dissertation unter Leitung von Univ. Prof. Dr. med. D. Jeschke durchgeführt und fand im Zeitraum von einem Jahr und 9 Monaten statt. Die 69 weiblichen Testpersonen waren zwischen dem 50 und 70 Lebensjahr. Voraussetzung war das Vorliegen einer Osteopenie im Bereich des Lendenwirbelkörpers und des Oberschenkelhalses, welches über eine DXA-Messung festgestellt wurde um an der Studie teilnehmen zu können. Die Probandinnen wurden in verschiedene Gruppen eingeteilt. Jede Gruppe nahm 2 Mal pro Woche an einem Wirbelsäulengymnastikkurs für 45 Minuten teil. 26 Probandinnen durchliefen ein zusätzliches konventionelles Krafttraining bei einer Intensität von 60-80% des Maximalkrafttestes. 23 Frauen machten ein zusätzliches Training mit oszillierenden Geräten und die restlichen 20 Frauen nahmen nur an der Wirbelsäulengymnastik teil. Es traten in allen 3 Gruppen keine signifikanten Veränderungen an der LWS hinsichtlich der Knochenparameter auf. Jedoch konnte bei der Gruppe mit dem konventionellen Krafttraining als auch mit den oszillierenden Geräten eine Zunahme der Maximalkraft in den Beinen und den Armen festgestellt werden. Die konventionelle Krafttrainingsgruppe konnte zudem mit einer Zunahme der Knochenfläche am Oberschenkelhals beobachtet werden. Probandinnen, die an der Wirbelsäulengymnastik teilnahmen zeigten ebenso eine deutliche Verbesserung in der Beinkraft. Es konnte nur bei einem konventionellen Krafttraining eine Optimierung der dynamischen und muskulären Leistungsfähigkeit ermittelt werden und im Hinblick auf die Schmerzwahrnehmung und der Befindlichkeit konnte nur bei den Probandinnen in der Wirbelsäulengymnastik eine positive Entwicklung wahrgenommen werden.

Schlussendlich kann man sagen, dass sich die Befindlichkeit und die Schmerzwahrneh-mung durch Wirbelsäulengymnastik und konventionellem Krafttraining in der Präventi-on der Osteoporose deutlich optimiert, jedoch ist aber für Knochenanpassungen ein rei-nes konventionelles Krafttraining der Wirbelsäulengymnastik vorzuziehen.

6 Literaturverzeichnis

A. Strack und C. Eifler (2005). *The individual performance lifting method (ILP) – a practical method for fitness- and recreational strength training*, Cuvillier Verlag, 153 ff.

Buskies und Boeckh-Behrens. (2009). *Fitness-Gesundheitstraining*. Reinbek: Rowohlt.

Fröhlich, M., Schmidtbleicher, D. & Emrich, E. (2007). *Vergleich zwischen zwei und drei Krafttrainingseinheiten pro Woche - ein metaanalytischer Zugang*. Spectrum der Sportwissenschaften, 19 (2), 6-21.

Granacher, U., Kiemler, S., Gollhofer, A. & Zahner, L. (2009). *Neuromuskuläre Auswirkungen von Krafttraining im Kindes- und Jugendalter: Hinweise für die Trainingspraxis*. Deutsche Zeitschrift für Sportmedizin, 60 (2), 41-49.

Güllich, A. & Schmidtbleicher, D. (1999). *Struktur der Kraftfähigkeiten und ihrer Trainingsmethoden*. Deutsche Zeitschrift für Sportmedizin 50, 223-234

Jockmann, M. (2012). *Hausarbeit Fitnesstrainer B-Lizenz*. München: GRIN Verlag GmbH.

Kuno Hottenrott / Georg Neumann. (2010). *Trainingswissenschaft*. Aachen: Meyer & Meyer Verlag.

Reiß, M. & Fikenzer, S. (2013). *Studienbrief Trainingslehre I - Gesundheitsorientiertes Krafttraining*. Saarbrücken: Deutsche Hochschule für Prävention und Gesundheitsmanagement.

Schmidtbleicher, D. (kein Datum). *Periodisierungsmodelle im Krafttraining*. Abgerufen am 20. August 2014

Schnurr, S. (2012). *Regeneration für Sportler*. Norderstedt: Books on Demand.

Siegrist, M. (2004). *Stellenwert verschiedener Trainingsprogramme in der Prävention der Osteoporose*. TU München, München.

Wirth, K. & Schmidtbleicher, D. (2004). *Auswirkung eines exzentrischen Krafttrainings mit supramaximalen Lasten auf Maximal-, Schnell-, und Explosivkraft-verhalten*. Jahrbuch des Bundesinstituts für Sportwissenschaften. Universität Frankfurt/Main, Institut für Sportwissenschaft.

W. Kemmler und H. Riedel. (1998). *Körperliche Belastung und Osteoporose*. Deutsche Zeitschrift für Sportmedizin.

7 Abbildungs- und Tabellenverzeichnis

7.1 Abbildungsverzeichnis

7.2 Tabellenverzeichnis

BEI GRIN MACHT SICH IHR WISSEN BEZAHLT

- Wir veröffentlichen Ihre Hausarbeit,
  Bachelor- und Masterarbeit

- Ihr eigenes eBook und Buch -
  weltweit in allen wichtigen Shops

- Verdienen Sie an jedem Verkauf

Jetzt bei www.GRIN.com hochladen
und kostenlos publizieren